Alessandro Baricco (Turín, 1958) ha publicado en Anagrama las novelas *Tierras de cristal*, *Océano mar*, *Seda*, *City*, *Sin sangre*, *Esta historia*, *Emaús*, *Mr Gwyn*, *Tres veces al amanecer* y *La Esposa joven*, la reescritura de *Homero*, *Ilíada*, el monólogo teatral *Novecento*, los ensayos *Next*, *Los bárbaros*, *The Game* y *Lo que estábamos buscando*, las reseñas de *Una cierta idea de mundo* y los artículos de *El nuevo Barnum*.

La vía de la narración

Baricco reflexiona sobre las narraciones y trata de desentrañar sus misterios. ¿Cuál es su sentido último y su mecánica interna? ¿Se puede enseñar a narrar? ¿Se puede aprender a hacerlo? La narración tiene algo de jeroglífico y algo de mapa. Y narrar es el arte de entrelazar una historia, una trama y un estilo: la Vía por la que todos, escritores o no, podemos alcanzar una cierta culminación de nosotros mismos.

La vía de la narración

Alessandro Baricco
La vía de la narración

Traducción
Xavier González Rovira

editorial anagrama

Título de la edición original:
La via della narrazione
Giangiacomo Feltrinelli Editore
Milán, 2022

Primera edición: abril 2023

Diseño de la colección: lookatcia.com

© De la traducción, Xavier González Rovira, 2023

© Alessandro Baricco, 2022

© EDITORIAL ANAGRAMA, S. A., 2023
  Pau Claris, 172
  08037 Barcelona

ISBN: 978-84-339-0188-0
Depósito legal: B. 3846-2023

Printed in Spain

Liberdúplex, S. L. U., ctra. BV 2249, km 7,4 - Polígono Torrentfondo
08791 Sant Llorenç d'Hortons

El siguiente texto es la transcripción, convenientemente reelaborada, de una lección impartida en la Scuola Holden en noviembre de 2021. En aquella ocasión inaugurábamos la Cátedra Spencer, una especie de seminario permanente en el que el profesorado de la escuela se detiene a reflexionar de la mejor manera posible, y con toda la intensidad que requiere el caso, sobre su propia tarea docente. Vista la solemnidad del contexto (no dejaba de ser una inauguración, quiero decir), se me ocurrió intentar plantear una lección en la que, de forma extremadamente sintética y lo más clara posible, recogiera las principales cosas de las que he ido tomando conciencia desde que me ocupo de la narración. Me parecía útil hacer un balance, por así decirlo, de la situación. Intentar esbozar un sistema. Digo todo esto para explicar por qué el texto, al hablar de la narración, se detiene a menudo en lo que significa *enseñarla*: en aquella clase había mucha gente que lo hace para ganarse la vida con ello. Imagino que si me hubiera encontrado en una reunión de pescadores sin duda habría prestado más atención a las historias marinas.

Turín, abril de 2022

1

Ocurre a veces que teselas concretas de la realidad emergen del ruido blanco del mundo y se ponen a vibrar con una intensidad particular, anómala. A veces es como un agradable aleteo. Otras veces es como una herida que no quiere cerrarse, una pregunta que espera una respuesta. Un día de caza, para un hombre prehistórico, o el destello de una mirada ilegible en el metro, para nosotros. Allí donde se verifica esa vibración, se genera un tipo de *intensidad* que, cuando perdura en el tiempo –superando el estatus del puro y simple asombro–, tiende a organizarse y a convertirse en una figura dibujada en el vacío. Se podría decir que, para lograr una determinada permanencia, genera un campo magnético a su alrededor, dotado de su propia geometría. A estos campos magnéticos singulares les damos un nombre particular. Ese nombre es: *historias*.

2

Una historia es el campo de energía produ-
cido en el alma de uno de nosotros por la vibración inesperada de una tesela del mundo. Su
génesis puede durar un instante o incubarse
durante años. Su tiempo de germinación es un
misterio.

3

La historia, por tanto, es siempre movimiento, pero no entendido como un paso rectilíneo de un punto A a un punto B, sino como la organización dinámica de una intensidad que procede de un choque de partida. Es el campo magnético que se forma alrededor de una iluminación. La historia no es nunca *una línea*, sino siempre *un espacio*.

4

Poseemos un cierto conocimiento de los campos magnéticos a los que llamamos *historias*. Por ejemplo, estamos familiarizados con cierto número de estructuras que adoptan las historias cuando habitan en el espacio mental de quien las genera para sí mismo. Son como figuras geométricas. Menciono aquí cuatro de ellas, a modo de ejemplo.

El agujero negro. El mundo entero cobra vida en la atracción fatal hacia un agujero negro central, en gran medida ilegible, de algún modo sobrehumano y no pocas veces maligno. La dinámica del sistema es contradictoria porque todas las fuerzas del campo parecen proponerse como misión destruir la oscura fuente de vida que las genera y por la que se sienten atraídas y aterrorizadas. (*Ilíada, Don Juan, Drácula*)

La reparación. El orden del mundo, por algún motivo, sufre una alteración y nada se asienta hasta que una fuerza paciente y muy decidida consigue volver a poner las cosas en su lugar. (*En la frontera, El amor en los tiempos del cólera, Sherlock Holmes*)

El remolino. Existe una única cosa: un movimiento circular que vuelve obsesivamente al mismo punto. El resultado, sin embargo, no es cero. En su marcha, ese movimiento genera o consume mundo, alterando la totalidad de lo existente. (*Odisea, Viaje al fin de la noche,* la *Recherche*)

La deserción. De la alineación de la materia se desprende un fragmento, aparentemente enloquecido, que pone en peligro toda la secuencia de la realidad. El resultado final es la regeneración del sistema o la aniquilación de la célula desertora. (*Hamlet, El guardián entre el centeno,* los *Evangelios*)

5

El hecho de que algunas historias se dispongan en el espacio mental reproduciendo figuras geométricas reconocibles no significa que podamos y debamos elaborar una taxonomía de las historias. De hecho, hacerlo sería imperdonable. Hay que evitar enérgicamente la tentación de atribuir a los seres vivos un repertorio de historias definido, circunscrito y arquetípico. Las formas de los campos magnéticos a los que llamamos *historias* son y deben seguir siendo ilimitadas. Hay que vigilar y proteger esa infinidad, pues a ella encomiendan los seres humanos el vínculo fundamental entre historias y libertad.

6

Como puede verse, en su momento auroral, las historias son la composición de determinadas fuerzas, casi como el entrelazamiento de corrientes marinas. No son en modo alguno un acoplamiento de *personajes*. Lo que llamamos *personaje* es el efecto de una acción conceptualmente sucesiva: los humanos, para leer mejor esas corrientes, les dan una forma antropomórfica. Los personajes, los caracteres, los héroes, siempre son la traducción antropomórfica de una energía, de una corriente, de una sección del campo magnético. El agujero negro, Aquiles. El remolino, Ulises. Quien ve a los personajes sin captar la fuerza y la forma geométrica que subyacen en ellos se detiene en la fachada de una historia, perdiéndose su corazón.

7

En este sentido, debemos entender que el aspecto psicológico de los personajes, el diagrama de su devenir psíquico, no es más que la formulación matemática, calculable, por así decirlo, de una figura antropomórfica, a su vez formulación didáctica de la pura irrupción de una fuerza. Lejos de ser el origen de una historia, el viaje psicológico de un héroe es meramente una lejana emanación de ella. Que emergiera a la superficie como la parte más visible de la narración es el resultado de una anomalía en la novela de los siglos XIX y XX, heredada posteriormente por la narración audiovisual. Pero ya Benjamin advertía del peligro de situar la novela, sin reservas, en el ámbito de la narrativa propiamente dicha.

8

Entendida como espacio, campo magnético, organización de un flujo de intensidad, la historia existe como un movimiento que, paradójicamente, no puede moverse. Habita, de forma invisible, en una mente individual o colectiva, y de ahí no puede salir. Hay que imaginarla como una esfera de energía y movimiento que descansa sobre sí misma, inaccesible. Incluso secreta. Muchos humanos la mantienen en ese estado de reclusión durante toda una vida. Proust los comparó con esas personas que, después de hacer fotografías, guardan las placas en el sótano, sin revelarlas nunca.

9

Lo que saca a la historia de sí misma, trayéndola así al mundo, es el acto de contarla. Que, sin embargo, no es un acto natural ni indoloro. Para acceder a la forma del relato, la historia debe perder gran parte de sí misma. El relato es bidimensional, la historia vive en infinitas dimensiones. Es una esfera, debe convertirse en una línea. Es un espacio, debe convertirse en una secuencia temporal. Hay que llevar a cabo, por tanto, una *reducción*. El expediente técnico por el que una historia se reduce al formato del relato se llama *trama*.

10

No hay peor error que confundir *trama* e *historia*.

11

La trama es un viaje lineal dentro de una historia: solo pretende pasar por determinados puntos de la historia y hacer visible solo una parte de ella. Es como una línea de ferrocarril que cruza un continente. Quien viaje en esa línea no podrá decir que ha visto todo el continente, pero sí que lo ha habitado, visto, intuido. Y sabe lo que se puede hacer.

12

En una versión más sofisticada, que es el sello distintivo de las narraciones más elevadas, la trama puede disponerse no solo como una escaleta de acontecimientos, sino simultáneamente como una secuencia de formas, consistencias, tonos, ritmos. Al disponer en línea no tanto hechos como ambientes, cada uno de ellos con su propia forma y consistencia, recupera algo de la naturaleza original de la historia, que es espacio y no línea. Cuando esto ocurre –circunstancia harto infrecuente–, resulta válida una semejanza que puede sernos útil para la comprensión: del mismo modo que los mapas geográficos, aunque limitados por el veredicto matemático que decreta que es imposible reproducir exactamente una superficie esférica sobre una superficie plana, consiguen dibujar el mundo con figuras que no son una lista del mundo, sino una representación real del mismo, por muy imprecisa que resulte, así la trama, en su versión más sofisticada, consigue plasmar la complejidad esférica de las historias en la superficie plana de la narración, recuperando, aunque sea de forma imprecisa, la naturaleza del ambiente, del espacio, del mundo.

En el mejor de los casos, las tramas son proyecciones geográficas. Mapas de historias.

Así pues, en el principio están las historias.
Campos magnéticos. Espacios de intensidad.

Las tramas las habitan, las atraviesan y las
hacen legibles. Son jeroglíficos que las signifi-
can, mapas que las representan.

Para que el acto de contar historias se veri-
fique de la forma más completa, falta un último componente químico, el más misterioso de
los tres, el único que tiene algo que ver con la
magia.

Intermedio

Brevísimo ensayo sobre *El viaje del escritor*, de Christopher Vogler

El libro que más ha determinado la idea colectiva de lo que es contar historias en los últimos treinta años lo escribió un guionista estadounidense, Christopher Vogler, a principios de los noventa. Se titula *El viaje del escritor* (*The Writer's Journey: Mythic Structure for Storytellers and Screenwriters*, 1992). Cualquiera que haya asistido a una escuela de *storytelling* o de escritura creativa se habrá encontrado estudiándolo, y la cosa no debe extrañarnos: en un tipo de enseñanza a la que le cuesta encontrar bases «científicas», desdibujándose a menudo, para consternación del gran público, en una especie de impresionismo sacerdotal, el libro de Vogler ofrecía reglas, trazaba esquemas, aseguraba resultados: los éxitos de Hollywood, perfectamente alineados con esa biblia, estaban allí para demostrar que sus teorías no eran castillos en el aire.

Como es bien sabido, la convicción de Vogler –heredada de Campbell y, lejanamente, de Propp– es que todas las historias del mundo derivan de un único modelo original y arquetípico. En la práctica, existe una única historia, reformulada hasta el infinito: un héroe es llamado a realizar una hazaña, parte para llevarla a cabo, logra superar todas las pruebas a las que se le somete y luego regresa al mundo llevando consigo una nueva sabiduría o un nuevo poder. No hay que pensar inmediatamente en dragones y caballeros. Incluso *Casablanca* o *Tiburón*, dice Vogler, funcionan así. Lo mismo ocurre con *Moby Dick*, para entendernos. Y la hazaña a la que el héroe está llamado podría ser «simplemente» la de hacerse mayor, o la de conquistar a su compañera de pupitre. Digamos que *el viaje del héroe* es el nombre de una secuencia de acontecimientos que Vogler considera arquetípica: que se trate luego de guerras intergalácticas o de la vida de un chiquillo en la Inglaterra rural de principios del siglo xx, cambia poco las cosas.

Vogler demuestra que sabe mucho acerca de esta secuencia. Cada uno de los pasajes, explica, es una caja que contiene otros, más pequeños. Así, por ejemplo, la partida del héroe hacia su tarea no es un acto tan simple, sino que pasa por unas estaciones bien definidas: primero vive en un mundo normal, luego recibe la llamada, al principio la rechaza, después encuentra a un Mentor, luego, por fin, se marcha, cruzando con cierta solemnidad un umbral que lo conduce a la segunda parte de la historia. A su vez, cada una de estas estaciones tiene su geografía particular, una serie de formulaciones posibles; es fácil decir que el héroe «encuentra a un Mentor»: en realidad, el asunto tiene toda una serie de variantes que Vogler se esfuerza en catalogar y poner a disposición del aspirante a narrador. Lo mismo ocurre con lo que hemos llamado *Umbral*: no debemos pensar en una puerta pura y simple, el de umbral es un concepto muy articulado y con miles de matices, del que conocemos una serie de variantes. En resumen, para cada pasaje hay muchas formas de realización. Pero, al final, dice Vogler, nada cambia el hecho de que los pasajes son esos: hay un Mentor, y un Umbral también, y están colocados en ese mismo punto de la secuencia, desde siempre y para siempre. Si uno aplica esta convicción a todas las etapas de ese viaje, a todos sus pasajes, obtiene un fascinante sistema de cajas chinas donde prácticamente todo lo que puede ser relatado está contemplado, regulado, fijado. Hay que añadir que el sistema cuenta también con su propia elegancia formal: Vogler dice que está estructurado en tres actos, según una proporción armónica: el segundo acto, el de la aventura propiamente dicha, es tan largo como la suma del primero (la partida) y el tercero (el regreso). Amén.

Se entenderá que tal repertorio de certezas haya representado durante años un fantástico amarre para los muchos que se han encontrado navegando por el mar abierto de las historias. Incluso en los días de cansancio, no hay nada como una buena clase sobre *el viaje del héroe* para volver a casa con un buen subidón del propio prestigio como docente. Sin embargo, ya es hora de regresar a las raíces del acto de narrar y poner fin a los atajos que el método Vogler ha puesto en circulación. Es importante despertar de ese agradable hechizo y recordar que el sistema por el que los humanos producen historias es mucho más complejo y libre de lo que reconoce *el viaje del héroe.* La idea de que una historia puede remitir en su totalidad al desarrollo lineal de un personaje es ingenua y reduccionista. Como he intentado explicar, a eso se le llama *trama* y no es más que una reducción de un mundo esférico, la historia, preexistente a aquella. El propio héroe, al que Vogler confía la espina dorsal de la narración, no es sino una tardía y, en el fondo, infantil antropomorfización de algo más ambiguo, subterráneo y misterioso que se mueve en el espacio mental del narrador, por zonas donde no rige ninguna ley. Por molesto que resulte (y por problemática que resulte así una lección de escritura creativa), la producción de historias comienza en un universo que es, por así decirlo, *alquímico*: la química de la trama, como hemos visto, solo consigue iluminar una mínima parte. Todas las reglas de Vogler, generalmente llenas de sentido común, siguen siendo los muebles de una casa deshabitada, porque construyen la trama en ausencia de una historia: no son la consecuencia de una vida, sino su sustituto. Cuando uno las lee, le producen ese mismo desconcierto ambiguo que se siente al pasar por las habitaciones vacías de una tienda de muebles. Sería insensato negar que les pertenece una cierta sabiduría artesanal: pero ahora es importante recordar que saber construir una mesa no es más que una parte circunscrita al acto que llamamos *habitar*. Por ello también se puede trabajar con el texto de Vogler para combatir la confusión obtusa de tantos experimentos narrativos; a veces, incluso puede ser necesario, para reducir los daños, intentar reconducir el material indistinto de un narrador novato a una estructura de tres actos: pero me gustaría recordar aquí que detenerse en ese punto es triste e imperdonable.

Más aún: es peligroso. Este es quizás el aspecto más importante. En el método Vogler hay un veneno y es necesario que seamos capaces de verlo. Quien quiera saborearlo, lo encontrará en este pasaje, que sin prudencia aparece ya en la tercera página del libro, tan orgulloso de sí mismo:

Los relatos edificados sobre los fundamentos básicos del viaje del héroe poseen un atractivo que está al alcance de cualquier ser humano, una cualidad que brota de una fuente universal ubicada en el inconsciente colectivo y que es un fiel reflejo de las inquietudes universales.[1]

Lo que Vogler formula sin rodeos es una tesis a la que nos hemos acostumbrado sin demasiadas reticencias. Lo cierto es que formula una enormidad. Dice que las reglas del viaje del héroe no son una hábil organización del material narrativo, sino una estructura que procede *a priori* del inconsciente compartido: si sabes utilizarlas, obtienes un poder universal porque no *algunos* humanos, sino *todos*, encuentran en ellas sus propias preguntas, su propia manera de estar en el mundo y, en general, sus propios orígenes. Todos somos héroes y todos tenemos un viaje que realizar y del que regresar. Es un destino que nos precede y que permanecerá inalterable después de nosotros. Por lo tanto, si se encontrara a un narrador capaz de relatar ese viaje, no existirían límites para su público potencial: hasta la expresión *público de masas* sonaría reduccionista. Contar a todos la historia de todos: el sueño del cine de Hollywood.

1. Christopher Vogler, *El viaje del escritor*, Barcelona, Manon troppo, 2002, traducción de Jorge Conde, p. 43.

Lo cierto es que podemos afirmar con una relativa seguridad que el viaje del héroe, lejos de ser una secuencia narrativa universal y arquetípica, es el producto claro, históricamente determinable y completamente artificial, de un pensamiento dominante, que de generación en generación ha ido transmitiendo una vivencia-madre donde está contenido el ADN mental y ético útil para la dominación. Lejos de ser el producto de un inconsciente compartido, la cadena narrativa del viaje del héroe es el instrumento con el que la lengua de la dominación intenta absorber el escándalo del inconsciente individual. Pretendiendo encarnar las preocupaciones universales, fija principalmente las preocupaciones del pensamiento dominante. No remite a una humanidad que de veras existe, sino más bien a una humanidad esclavizada que se ha alineado con las consignas del vencedor.

Al igual que la *Ilíada* y la *Odisea* fueron el manual de cierta clase dirigente del siglo VIII a. C., el repertorio de figuras mentales con las que se construye el viaje del héroe coincide plenamente con la epopeya conceptual de una forma específica de dominación, que se manifiesta históricamente a principios del siglo XIX:

el mito del héroe que cambia el mundo, la ob-
sesión por el individualismo, el culto incues-
tionable del progreso, la idea de que la supera-
ción de una serie de pruebas es lo que lo
genera, la necesidad estructural de un enemigo, la necesidad del optimismo y, por tanto,
del final feliz, e incluso la convicción de que
las cosas suceden de forma lineal y según una
arquitectura ordenada y racional: ¿quién no
reconoce las señas de identidad de una determinada civilización productiva y, al mismo
tiempo, sus deudas evidentes con una idea mi-
litar y guerrera de la existencia? Son figuras
mentales que sirven para construir trabajado
res mansos y soldados convencidos: las dos
fuerzas que necesitaba esa civilización. Han
llegado hasta nosotros como una herencia en-
venenada, que ha ayudado a delimitar el perí-
metro del ciudadano ideal, es decir, del siervo
inconsciente. Cuando, por el contrario, los humanos viven una locura espectacular, hamle-
tiana, transmitiéndose de manera clandestina
que el progreso es solo una de las direcciones
posibles y, de entre todas, la más dudosa; que
las pruebas no son obstáculos que hay que superar, sino escenarios que hay que habitar;
que nadie es un individuo, sino todos una par-

te del todo; que la mayor parte de las experiencias no conducen a un aumento del saber y del poder; que quien necesita un enemigo para existir está sembrando la destrucción; y que los acontecimientos de una vida ni respetan un orden ni lo generan. Estas y otras figuras mentales los humanos las cultivan de forma clandestina, y retenerlas como *historias* es precisamente uno de los sistemas con los que las resguardan. Quien narra tiene algo que ocultar.

Por eso, quienes enseñan a contar historias tienen una gran responsabilidad. En cierto modo, están llamados a compartir una clandestinidad y a defender una insumisión. Luego, después, llegará también el momento de ocuparse del mobiliario, y el placer de enseñar a construir mesas sólidas, útiles y hermosas. Pero solo después. Antes, enseñar a narrar coincide esencialmente con ser capaz de regenerar cuotas de libertad, eliminando bloqueos y miedos. Por eso enseñar el viaje del héroe de forma perezosa no solo es una tontería, sino que resulta contraproducente. Cada vez que lo hacemos, transmitimos una forma de dominación, y al aprovecharnos del desconcierto de los seres vivos, les robamos lo

que sería la recompensa de ese desconcierto,
es decir, la libertad.

Fin del intermedio.

Donde hay una historia, apoyada por una trama, lo que falta todavía es una voz. El *estilo*.

15

El estilo es de unos pocos. Surge de una intimidad muy elevada y misteriosa con un material concreto. No se puede enseñar, se posee. Es un acontecimiento. Ocurre cuando el lenguaje, cualquier lenguaje, deja de ser una herramienta externa y se convierte en la prolongación de un cuerpo. Mano, no martillo. Respiración.

16

El estilo, por tanto, es cuerpo. Lo es del mismo modo ambiguo que lo es la voz: una extensión incorpórea del cuerpo que se asoma hacia lo eterno. Una vibración que se convierte en sonido.

17

Cada estilo –como cada voz– es un sonido único. Se puede imitar, evidentemente, pero su código genético está enterrado en una región inaccesible del individuo. El *big bang* que lo generó es puro misterio. De ahí esa forma de asombro, cuando no de sospecha, que el estilo difunde a su alrededor. De manera instintiva, la gente percibe el peligro latente de un fenómeno que procede de las tinieblas.

Cuando, por el contrario, el estilo, siempre, es luz.

En el estilo, la historia y la trama *adquieren cuerpo*, y así se convierten en tierra, y en realidad definitiva. Antes de que intervenga una voz, son un acontecimiento interrumpido, un instrumento musical perfecto que nadie está tocando.

El estilo es lo que mantiene unidos el cielo y la tierra, por así decirlo. El cielo de las historias, la tierra de la realidad.

20

Así pues: *Narrar es el arte de dejar andar una historia, una trama y un estilo en el flujo de un único acto. Su propósito es mantener unidos el cielo y la tierra.*

Es posible encontrar formas imperfectas. Más que imperfectas, parciales.

Historia y trama sin estilo. Lo que queda no es verdaderamente real, no incide en lo existente, reside en un mundo paralelo al que se le ha dado un nombre muy preciso: entretenimiento.

Historia y estilo sin trama. Variante muy atractiva. El narrador se asoma hacia la narración, pero luego, esencialmente, se retira de ella. El rito se vuelve solitario, onanista. La historia vuelve a encerrarse en sí misma, pero tras haber dejado a sus espaldas un resplandor de luz. El sentido de esta castración –difícil de erradicar en quienes se entregan a ella– podría ser la convicción íntima de que una historia se disuelve si se expone demasiado a la mirada de los demás. Por otra parte, también es posible que, en cambio, se trate de un caso de pudor, de miedo, de represión: no todo el mundo está dispuesto a aceptar hacer realidad sus historias.

Estilo y trama sin historia. A menudo se trata de ensayismo que se disfraza de narración.

Hay casos aún más minimalistas.

La historia por sí sola es poco más que una sensación. La trama por sí sola es un gesto infantil. El estilo por sí solo es poesía.

23

Pero a menudo ocurre que historia, trama y estilo aparecen convenientemente entremezclados, en ese ejercicio dorado de lo que llamamos *narrar*. En un número limitado de casos, su fusión es tan rotunda que borra todas las marcas de sutura y las huellas de construcción. Entonces narrar alcanza cotas en las que aparece como magia y no como ese proceso químico que, en el fondo, es. Esta ilusión óptica, este desplazamiento hacia el mito, lo convierte entonces en un acontecimiento casi místico, y ahí tiene su momento esa relación particular con la verdad que a veces se le ha atribuido.

24

Enseñar esa rotundidad –el acto dorado de la narración– no es fácil, pero solo una visión distorsionada de lo que es un narrador puede llevar a pensar que es imposible o incluso una estafa. En realidad, sabemos exactamente dónde podemos intervenir y dónde no.

Podemos educar para reconocer las historias, para comprender su forma, para acogerlas y manejarlas sin hacernos daño.

Podemos enseñar a construir una trama, de modo que sea un mapa completo y un jeroglífico legible.

No podemos enseñar el estilo, pero podemos darle seguridad, defenderlo, hacerlo crecer. Y si no podemos enseñar a tener una voz, podemos enseñar a cantar a los que la tienen.

25

Así, el acto de contar historias se transmitirá de generación en generación y no se perderá nada de lo que los seres humanos saben hacer para dar sonido a ciertas vibraciones misteriosas del mundo.

Apostilla
La Narración
como Vía

De manera consciente o no, quien narra elige una enorme cantidad de veces: toma decisiones. Una palabra en lugar de otra, la longitud de la frase, el movimiento de las manos, el volumen de la voz. Una buena parte de estas decisiones se toman muy deprisa y de un modo que parece en gran medida instintivo: sería difícil remontarlas enteramente a cierto saber, a una experiencia adquirida. Pero si no vienen de ahí, ¿de dónde vienen?

Es una pregunta que vale para casi todos los componentes químicos de la narración, tal y como los hemos reconstruido. ¿Qué tienen de particular esas teselas que vibran y que son el punto de partida de todo? ¿Por qué precisamente *esas*, de entre tantas? Y la forma de los campos magnéticos: ¿se genera por pura casualidad o replica figuras que vienen de lejos? En el momento en que los sustituimos por personajes, ¿qué nos empuja a elegir *ese* personaje en lugar de otro? ¿En qué se diferencian las soluciones argumentales que se nos ocurren de las que se les ocurren a otros narradores? Por no hablar del pasaje más misterioso, el estilo: ¿de dónde viene el milagro de una voz?

Parece legítimo pensar que al menos una parte de esas elecciones procede de una zona prerracional o posrracional del narrador, una región sobre la que su conciencia ejerce un control muy relativo. Barrios del Yo que se encuentran fuera de las murallas, que han crecido a cielo abierto más allá de las fortificaciones erigidas por el principio de realidad. Barrios prohibidos, en cierto modo. Ciertamente aislados durante mucho tiempo. Teselas del inconsciente, podríamos decir.

La narración como mensaje del inconsciente. Como palabra largamente aplazada y, al final, pronunciada.

Me viene a la cabeza lo que decía Lacan. El inconsciente, afirmaba, no es el contenedor de un pasado reprimido, sino el capítulo dejado en blanco en el texto de una existencia. No es algo que viene del pasado, sino, decía astutamente, del futuro anterior. También pensaba, con una reflexión estéticamente espléndida, que no debemos imaginarnos como el germen de una semilla, ni como el resultado de un pasado: más bien como la consecuencia aún no realizada de un futuro anterior. Somos el cumplimiento de una profecía que yace, no escrita, en nuestro inconsciente, en las páginas de nuestra historia que hemos dejado en blanco. Un día *se habrá escrito*: él creía que eso ocurre en la palabra analítica, en la praxis analítica. Y que escribir la profecía, rellenar las páginas en blanco, era también una forma de reescribir el propio pasado. ¿Sería eso *sanar*, o, por lo menos, *llegar a la realización*?

Lo inconsciente que hay en el acto de narrar parece llevar precisamente a este tipo de reflexiones. La mayoría de las veces tenemos la convicción de que narramos cosas que nos han sucedido y de que lo hacemos basándonos en cómo somos. Pero la multitud de elecciones instintivas que hacemos para narrar procede más probablemente de lo que aún no somos y de cosas que aún no han sucedido. En una zona de la que tenemos poco control, y que incluso podríamos llamar inconsciente, pescamos formas y materiales que serían nuestros, pero que aún no lo son: en ese acto vienen al mundo, convirtiéndose en profecía cumplida. El que narra, se convierte. No se limita a organizar el pasado, sino que suscita el futuro. Mientras, en apariencia, relee páginas ya escritas tiempo atrás, con la parte más animal e instintiva de su narrar está escribiendo las páginas en blanco que había dejado a sus espaldas. De este modo, al narrar, completa un largo viaje y llega a su realización. Pues si hay una meta a la que puede aspirar la conciencia, esta no puede prescindir de la capacidad de soldar lo consciente a lo inconsciente, lo escrito a lo *por escribir*: quien narra conoce el punto exacto de esa soldadura.

Todo esto debería inclinarnos a reconsiderar el alcance de un acto como *enseñar a narrar*. Ahora que empieza a reconocerse como enseñanza profesional, útil para iniciarse en la práctica de un oficio, quizá ha llegado el momento de ir más lejos, y considerarla también como una Vía posible: la Vía por la que se puede alcanzar una cierta culminación de uno mismo. Si narrar es el acto en el que los seres humanos pueden encontrar alguna forma de desvelamiento, aprender a hacerlo a la sombra y a la luz de un maestro puede convertirse en una práctica que encuentra su propósito en sí misma. Narrar para narrar y, con ello, completar el texto de la propia existencia. El cuidado de la técnica, la atención por los detalles, el esfuerzo de la corrección serían entonces ese protocolo de cuidado que está presente en todos las Vías, donde la meta espiritual más elevada pasa siempre por el éxito de un gesto de la mano, del ojo, del cuerpo. Fuera del círculo restringido de los que saben realizar esos gestos con una especial pericia, se multiplica el número de los que aspiran a realizarlos de manera meramente educada, y a practicarlos, y a perfeccionarlos. Se percatan de que en su repetición habita una disciplina antigua, una Vía entre otras. No parece insensato encomendarle la tarea posible de llevar a término breves existencias individuales, soldando cuanto es cierto en su conciencia con lo que aún es página en blanco y carta boca abajo.

Escribir un relato como participar en una ceremonia del té.

Fin.

Nuevos cuadernos Anagrama

29. **Paul B. Preciado,** Yo soy el monstruo que os habla.
Informe para una academia de psicoanalistas
30. **Miguel Ángel Hernández,** El don de la siesta.
Notas sobre el cuerpo, la casa y el tiempo
31. **Pablo Nacach,** Amor maestro. Instrucciones de uso
32. **David Trueba,** Ganarse la vida. Una celebración
33. **Roberto Calasso,** Cómo ordenar una biblioteca
34. **Roberto Calasso,** Com ordenar una biblioteca
35. **Salvador Macip,** Lecciones de una pandemia.
Ideas para enfrentarse a los retos de salud planetaria
36. **Salvador Macip,** Lliçons d'una pandèmia.
Idees per fer front als reptes de salut planetària
37. **Leila Guerriero,** La otra guerra. Una historia del
cementerio argentino en las islas Malvinas
38. **Alessandro Baricco,** Lo que estábamos buscando.
33 fragmentos
39. **Andreu Navarra,** Prohibido aprender
Un recorrido por las leyes de educación
de la democracia
40. **Rebecca Tamás,** Extraños.
Ensayos sobre lo humano y lo no humano
41. **Rebecca Tamás**, Estranys.
Escrits sobre l'humà i el no-humà
42. **Benjamín Labatut,** La piedra de la locura

43. **Marta D. Riezu,** La moda justa. Una invitación a vestir con ética

44. **Kiko Amat,** Los enemigos. O cómo sobrevivir al odio y aprovechar la enemistad

45. **Luisgé Martín,** ¿Soy yo normal? Filias y parafilias sexuales

46. **Eloy Fernández Porta,** Los brotes negros

47. **Cristina Sánchez-Andrade,** Fámulas

48. **Ian McEwan,** El espacio de la imaginación. El ensayo de George Orwell «En el vientre de la ballena»

49. **Ian McEwan,** L'espai de la imaginació. Sobre l'assaig d'Orwell «Dins la balena»

50. **Natalia Carrillo y Pau Luque,** Hipocondría moral

51. **Alexis Racionero Ragué,** Ecotopía. Una utopía de la Tierra

52. **Justo Navarro y José María Pérez Zúñiga,** La carta robada. El caso del posfranquismo democrático

53. **Carlos A. Scolari,** La guerra de las plataformas. Del papiro al metaverso

54. **Gonzalo Torné en colaboración con Clara Montsalvatges,** La cancelación y sus enemigos

55. **Luis Costa,** Dance usted. Asuntos de baile

56. **Esteban Feune de Colombi,** Limbos terrestres. Mi vida en El Bruc

57. **Daniel Cassany,** Metáforas sospechosas. Charlas mestizas sobre la escritura

58. **Roberto Calasso,** Memè Scianca

59. **Alessandro Baricco,** La vía de la narración

Impreso en Talleres Gráficos
LIBERDÚPLEX, S. L. U.,
ctra. BV 2249, km 7,4 - Polígono Torrentfondo
08791 Sant Llorenç d'Hortons